# Heilbronn

## lieben lernen

*Der perfekte Reiseführer für einen unvergesslichen Aufenthalt in Heilbronn inkl. Insider-Tipps und Packliste*

Luisa Schepers

# ✈ INHALT

# Das erwartet Sie in diesem Buch

Dieses Buch gibt einen Überblick über die Stadt Heilbronn und die Region. Wo liegt sie, wie erreiche ich sie, historische Gegebenheiten und zum Beispiel der Stellenwert des Weines. Es gibt einen Einblick in die weitverzweigte Kultur und die reiche Natur. Natürlich gibt es Tipps zu den Themen Essen, Trinken und Übernachtung, nachdem Sie Gelegenheit hatten, auf Entdeckungstour zu gehen.

Auf den folgenden Seiten sind Vorschläge und

Tipps zu diesen Kategorien zusammengefasst, allerdings habe ich nicht jede Sehenswürdigkeit dieser Stadt beschrieben - live und in Farbe auf Abenteuersuche zu gehen, ist immer noch das Schönste, und vielleicht finden Sie noch Ihr ganz eigenes Juwel. Ich wünsche Ihnen viel Spaß beim Ideenspinnen und Planen!

# Warum Heilbronn

Die Stadt am Neckar, die weder so richtig nach Schwaben noch nach Franken passt. Wenn man es genau nimmt, gehören die Heilbronner zu den Unter-Franken, stattdessen nehmen sie aber einen ganz eigenen Raum in Baden-Württemberg ein. Sie ist die siebtgrößte Stadt des Bundeslandes, mit etwa 125.000 Einwohnern, von denen ca. 52 % Migranten sind. Heilbronn ist multikulturell, hat viel zu bieten, ist wandelbar und offen für alle. Außerdem ist sie die älteste Weinstadt Württembergs, wichtig für die Industrie und die Region.

Eine abwechslungsreiche und spannende

Erfahrung erwartet Sie in Heilbronn, die mitnichten nur an einem einzelnen Wochenende zu erfassen ist, wenn Sie alle Aspekte der Stadt entdecken wollen. Jede Jahreszeit hat ihren Reiz in dieser Region, doch besonders bieten sich der Sommer und Herbst an, da draußen viel zu erleben ist und der Wein erst gegen Spätsommer/Herbst richtig zur Geltung kommt.

Auch Familien kommen hier nicht zu kurz. Viele Erlebnisse bieten Spaß für Groß und Klein und auch für ein kleineres Budget gibt es schon viel zu sehen.

Auf geht es in den Norden Baden-Württembergs.

# Von Villa Heilbrunna zu Heilbronn

Erstmals wurde *Villa Heilbrunna* 741 n. Chr. erwähnt. Die Stadt wuchs stetig und wurde 1371 zur Reichsstadt ernannt, unter anderem auch, da man im späten Mittelalter die Stadt sehr schätzte, denn durch die Lage am Neckar wurde die Entwicklung zum bedeutenden Handelsplatz begünstigt. Schon in diesen Zeiten muss die Stadt ausgesprochen schön gewesen sein.

Doch leider wurde beim Luftangriff vom 04.12.1944 die Altstadt und fast alle der historischen Gebäude und damit auch die Erinnerungen an diese florierenden Zeiten zerstört. Unter der Besetzung der amerikanischen Mächte wurden nur wenige Gebäude historisch korrekt restauriert. Fast alle davon befinden sich am Marktplatz: das Rathaus, die Kilianskirche und das Käthchenhaus. Der Rest der Stadt wurde in einer rasenden Geschwindigkeit funktional wiederaufgebaut, sodass das Stadtbild heutzutage hauptsächlich von 50er-, 60er-Jahre und der modernen Architektur beherrscht wird.

Die Industrialisierung Heilbronns begann mit der Papierindustrie 1820, die nicht nur für die Stadt, sondern auch für die allgemeine Industrialisierung Württembergs wichtig war. Heute haben sich große Firmen wie Lidl, Kaufland, Audi, Intersport und Knorr (Unilever) dort niedergelassen. Manchmal kann man in der Nähe des Industriegebietes und je nach Windrichtung einen leichten Geruch von Brühe in der Luft wahrnehmen, der an samstägliche Gemüsesuppe erinnert. Außerdem wird in der Region schon lange Salz abgebaut.

# Weinstadt oder Stadtwein

Eine lange Tradition hat auch der Weinbau. Bis in die Römerzeit reicht diese zurück und ist damit seit Langem fester Bestandteil und wichtiger Wirtschaftsfaktor der Stadt. 530 Hektar Rebfläche werden von ca. 120 Familienbetrieben bebaut und damit weit über 6 Millionen Heilbronner Wein im Jahr produziert. Die Hochschule Heilbronn bietet einen Studiengang für „Weinbetriebswirtschaft" an und schon Theodor Heuss verfasste seine Doktorarbeit über den „Weinbau und

Weingärtnerstand in Heilbronnen am Neckar." Hergestellt werden hauptsächlich Riesling und Trollinger, außerdem Spezialitäten wie Muskateller, Gewürztraminer, Clevner, Samtrot und Lemberger.

Typischerweise werden die Weine bei einer der „Besen" oder in einer „Besenwirtschaft" getrunken. Das sind oft nur saisonale geöffnete Gastwirtschaften, die meist auf den Gütern selbst zu finden sind. Erkennbar sind diese am besten an dem Besen, der wie ein Straßenschild den Weg von der Straße zum Gut weist oder im Vorgarten des Gutes steht. Wundern Sie sich also nicht, wenn Sie in der Region an den vielen zumeist Reisigbesen vorbeikommen, die ohne weitere Erklärung am Straßenrand prangen, es werden Ihnen keine Hexen aus den Hecken entgegenspringen. Auf den Gütern gibt es dann den selbst produzierten Wein zu kosten und meist auch etwas zum Essen dazu.

**Tipp:** Die Zeitung *Heilbronner Stimme* hat eine App herausgebracht, in der alle aktuell geöffneten Besen gesucht werden können und auf einer Karte verzeichnet sind. Bei Anwahl einer Besenwirtschaft bekommt man eine Anfahrtsbeschreibung und Navigation dorthin.

In der *Wein Villa*, der Name kommt nicht von ungefähr, werden rund 100 heimische Weine und Sekte angeboten. Dort werden regelmäßig Weinverkostungen abgehalten, die sowohl für Weinkenner als auch jene interessant sind, die noch welche werden wollen. Die Villa trägt zudem die Auszeichnung "Haus der Baden-Württemberger Weine" und wird regelmäßig unabhängig auf seine Qualitätsstandards geprüft. *Wein Villa, Cäcilienstr. 66, www.wein-villa.de, Öffnungszeiten: Di-Sa ab 11:30 Uhr, warme Küche: 12-14:00 Uhr und 17:30-21:30 Uhr.*

Im September findet alljährlich das *Weindorf* statt, ein großes Weinfest auf dem Marktplatz rund ums Rathaus. Dort befinden sich Stände von über 30 Betrieben, die ca. 400 Weine im Ausschank haben. Abgerundet wird das Angebot mit Essensangeboten und Livemusik. Fast täglich finden besondere Stadtführungen und Weinwanderungen mit Weinprobe statt, die alle das Ziel Weindorf haben.

Wer sich auch abseits des Weindorfes die Beine vertreten will, der kann das auf einer der vielen Wanderrouten der Region tun. Auch da wird das Thema Wein häufig aufgegriffen. Zum Beispiel auf dem 6 km langen Weinpanoramaweg am Wartberg,

der von einer Vielzahl historischer Exponate ge-
säumt wird. Dort genießt man die Natur, umgeben
von Weinreben und lernt dabei noch einiges zum
Thema Weinanbau dazu. Eine andere schöne Wanderung zum Thema Wein startet am Wanderpark-
platz zwischen Neipperg und Schweigern oberhalb
der Weinberge und führt als Rundweg über die Heu-
chelberger Warte, an der man auch einkehren kann,
und einem alten Steinbruch zum Ausgangspunkt zurück. Dabei wandert man ca. zwei Stunden durch das
Anbaugebiet des Trollingers und hat fast die kom-
pletten 7,7 km einen wunderschönen Blick in die
Umgebung. Die Tour ist auch für Anfänger und auch
an warmen Sommertagen gut machbar. Der Hinweg
verläuft zwar durch die Sonne, aber der Rückweg
wird schattig im Wald zurückgelegt
(https://www.outdooractive.com/de/route/wan-
derung/heilbronnerland/neipperg-die-weinland-
schaft-an-der-heuchelberger-
warte/106045852/#dmdtab=oax-tab1)
Noch tiefer in die Materie einsteigen kann man auf
einer Wein-Erlebnis-Führung. Dabei bieten zertifi-
zierte Guides die unterschiedlichsten Touren, Seminare und Erlebnisse rund um das Thema Wein an.

Wenn man selbst mit einer größeren Gruppe unterwegs ist, kann man sich auch einen eigenen Wein-Guide für eine individuelle Wanderung buchen. Eine Übersicht über die verfügbaren Angebote und auch über ungeführte Wanderrouten finden Sie auf *www.heilbronnerland.de.*

**Tipp:** Die App *Touren in Baden-Württemberg* kann man kostenlos herunterladen und hat sofort alle Wanderwege und Radtouren des Bundeslandes zur Verfügung. Die einzelnen Routen sind mit Angaben wie Schwierigkeitsgrad, Länge, Dauer und Höhenprofil versehen. Außerdem gibt es jeweils eine Tourbeschreibung, die Sehenswürdigkeiten entlang der Route und eine genaue Wegbeschreibung beinhaltet. Die Karten und individuell ausgesuchte Touren kann man auch herunterladen und im Offline-Modus nutzen, damit man unterwegs nicht von einer Internetverbindung abhängig ist.

Weil der Wein für Heilbronn eine sehr große Rolle spielt, lässt die Stadt seit 2016 jedes Jahr einen eigenen Wein kreieren, den Stadtwein, der zu Anlässen an wichtige Personen verschenkt wird. Zudem gibt es auch den Bürgerwein, der in einer limitierten Menge hergestellt wird und von Interessierten erworben werden kann.

# Was fange ich jetzt mit dem Tag an?

**M**it Sicherheit lohnt es sich, in der Innenstadt zu beginnen, und zwar am Marktplatz. Dienstags, donnerstags und samstags von 07-13:00 Uhr erwacht dieser zum Leben. Händler und Selbsterzeuger bieten ihre Waren aus der Region an. Blumen, Gemüse, Käse, Fleisch, Wein oder Brot, hier kann man sich frisch eindecken oder einfach durch den Markt streifen.

Der Blick fällt schnell auf das schöne Rathaus

(ursprünglich 16. Jh.) mit der großen astronomischen Kunstuhr in der Mitte. Das Schmuckstück besteht aus 3 Zifferblättern: der Monduhr, der 12-Stunden-Uhr und der Tierkreisuhr. Die kleinere Monduhr zeigt eine symbolhafte Darstellung der Mondphasen. Die 12-Stunden-Uhr zeigt die aktuelle Uhrzeit.

Gerahmt wird sie seitlich von zwei Engeln und unterhalb von zwei vergoldeten Widdern. Während die Engel sich kurz vor dem Stundenschlag drehen, richten sich die beiden Widder bei jedem Stundenschlag etwas auf und stoßen die Köpfe aneinander. In einer kleinen Nische unterhalb der Widder befindet sich ein Hahn, der um die vierte, achte und zwölfte Stunde kräht und mit den Flügeln schlägt. Ganz unten befindet sich das dritte Zifferblatt, und der Hauptteil der Uhr. Hier werden der aktuelle Monat und das aktuelle Tierzeichen angezeigt, sowie der Stand der Sonne und des Mondes in den Tierkreisbildern und der jeweilige Wochentag. Diese Uhr ist etwas ganz Besonderes und einen Blick wert.

Gegenüber dem Rathaus befindet sich die Kilianskirche. Sie gilt als erstes, bedeutendstes Renaissance-Bauwerk nördlich der Alpen. Die ältesten Teile der Kirche stammen aus dem 13. Jahrhundert.

Besonders hervorzuheben ist der geschnitzte Marienaltar von Hans Seyfer aus dem 15. Jahrhundert. Während des Zweiten Weltkrieges wurden die Figuren des Hochaltars zur Sicherung in den Stollen des Salzbergwerkes Kochendorf gebracht und überstanden dort glücklicherweise unbeschadet die Bombardierung. So konnten sie nach der Restaurierung der Kirche wieder zurück an ihren Platz. Wer mehr über die Kirche erfahren möchte, kann an Themenführungen teilnehmen. Das Programm sowie das Konzertprogramm finden Sie auf *www.gemeinde.heilbronn-kilianskirche.elk-wue.de*

Wer einen Blick über die Stadt werfen möchte, der kann den 64 m hohen Kiliansturm besteigen, dafür müssen Sie sich zuvor im *Weltladen Heilbronn* (Kirchbrunnerstr. 32, gegenüber der Kirche) anmelden. Öffnungszeiten: November bis Februar: 09:30 - 17:00 Uhr und März bis Oktober 09:30 -18:00 Uhr. Für Erwachsene ab 16 Jahre: 2,50 €, Kinder von 0-8 Jahre frei und Kinder von 9-15 Jahre: 1 €.

Das letzte historische Gebäude, auf das es sich lohnt, einen Blick zu werfen, ist das *Käthchenhaus* aus dem 14. Jahrhundert. Das Eckhaus wurde nach dem Drama *Das Käthchen von Heilbronn* von

Heinrich von Kleist benannt. Geschrieben wurde das Stück 1807/1808. In den fünf Akten geht es um eine nicht standesgemäße Liebe, denn das bürgerliche Käthchen, die fünfzehnjährige Protagonistin, verliebt sich in einen Grafen. Sie muss eine „Feuerprobe" meistern und endlich ermöglicht ein „Wunder" ihr die Hochzeit mit ihrem „Ritter". Nicht nur das Haus ist nach ihr benannt, nein, das Käthchen ist inzwischen zu einem Wahrzeichen der Stadt geworden. Jedes Jahr wird eine junge Frau als „Käthchen" gewählt und vertritt dann die Stadt als Repräsentantin bei öffentlichen Veranstaltungen. Mit einer größeren Gruppe ist es auch möglich, das Käthchen für eine individuelle Stadtführung zu buchen.

## STADTFÜHRUNGEN

Es gibt aber noch deutlich mehr Möglichkeiten an einer Stadtführung teilzunehmen. Angefangen bei den „klassischen" Stadtrundgängen, über individuelle Bustouren, bis hin zu der *Hop On Hop Off Bustour*, die drei Mal täglich an der Bushaltestelle vor dem Ibis Hotel (beim Bahnhof) startet. Bei Letzterer hat man die Möglichkeit, an neun (blaue Linie) oder elf (rote

Linie) unterschiedlichen Haltestellen aus- und wieder zuzusteigen. Die Rundfahrt endet auch wieder beim Ibis Hotel und die Tickets gelten jeweils für 24 Stunden. Darüber hinaus gibt es geschichtliche Touren, z. B. zum Thema Heilbronns Geschichte, Bombennächte im Zweiten Weltkrieg oder jüdische Geschichte. Wer es kulinarisch mag, der bucht eine der kombinierten Stadtführungen mit Umtrunk, Weinverkostung, Appetizern oder etwas Süßem.

Sportlicher geht es bei den Führungen mit dem Schwerpunkt Neckar zu. Entweder wählt man die Führung entlang des Kanals zu Fuß, aber es gibt auch die Möglichkeit zu einer geführten Paddeltour im Kanu oder man genießt den Tag auf einer Schiffstour.

Sein Gleichgewicht erprobt und trainiert man bei den Touren per Rad oder Segway. Besonders schön sind diese Touren durch die Weinberge und in der Umgebung. Außerdem gibt es noch speziellere Touren z. B. solche für Familien mit kleineren Kindern oder eine Fototour, bei der dem Betrachter auch gleich noch interessante Fotomotive und Perspektiven aufgezeigt werden. Es ist also für alle etwas dabei. Eine Übersicht über das Angebot und Buchungsmöglichkeiten finden Sie auf *www.heilbronn.de/tourismus/stadtfuehrungen.*

## EINKAUFSMÖGLICHKEITEN

In der Heilbronner Innenstadt gibt es (fast) alles, was das Herz begehrt. Vieles davon findet sich in den großen Shopping-Centern *K3* (Berliner Platz) und der *Stadtgalerie* (Fleiner Straße). Dort sind die meisten der großen Ketten zu finden: egal ob H&M, Esprit, Orsay, Deichmann, Depot oder dm. Auch ein paar kleinere Läden haben hier ihr Zuhause, aber wer es individueller mag, begibt sich in die kleineren Seitengassen, wie z. B. die *Kirchbrunnenstraße*. Hier säumen kleine Boutiquen oder außergewöhnliche Deko-Läden den Straßenrand.

Betritt man *Italfood* in der Salzstraßee 106, fühlt es sich sofort an, als wäre man in Italien. Eine italienische Spezialität liegt neben der nächsten und der Duft von würzigem Pecorino, frischem Brot, Oliven und Meeresfrüchten steigt einem in die Nase. Seit 1988 ein Familienbetrieb, der nur Produkte anbietet, die die Familie auch selbst essen würde. Der Koch bereitet für den Mittagstisch mit Liebe jeden Tag neue und erschwingliche Tagesmenüs zu.

Sie kochen lieber selbst oder brauchen noch Pflegeprodukte? Nachhaltiges Einkaufen geht bei *liva unverpackt.hn* (Allee73). Am besten bringt man hier auch die eigenen Behältnisse mit. In der Sitzecke des Ladens kann man auch einen Kaffee genießen und dem Treiben auf der Allee zuschauen.

In die bunte Welt der Backwerke taucht man ein sobald man *Die süße Fee* (Salzstraße 30) betritt. Torten, Obstkuchen, Cake Pops, Pralinen, Macarons und Cupcakes füllen die Theke. Die Auswahl ist groß, da fällt es manchmal schwer, sich zu entscheiden. Mit viel Liebe werden die Süßwaren hergestellt und können mitgenommen oder vor Ort mit Kaffee- oder Teespezialitäten oder auch einer schönen heißen Schokolade verzehrt werden. Zu empfehlen sind auch die hausgemachten Milchshakes.

Frisch gestärkt und Lust auf ein neues Teil im Kleiderschrank? Eine qualitativ hochwertige Auswahl an Schuhen, Fashion und Taschen findet sich bei *Size 11* (Sülmerstr.23). Hauptsächlich junge skandinavische Brands gibt es hier zu erwerben. Wer es lieber französisch mag, begibt sich auf den Weg in die Obere Neckarstraße zur *chouchou Boutique*. Neben individueller und ausgesuchter Mode funkelt der handgemachte Schmuck „chouchou Bijoux". Im dazugehörenden Grafikbüro entstehen Designs für Poster, Tasche und Co.

Design ist auch das Stichwort für *performa* (Gustav-Binder-Str. 2-6). Ihr Slogan lautet „mit Präzision und Liebe" und genau damit stellt der Betrieb seine Möbel her. Klare Linien, Ruhe, selbst gemachte Möbel aber auch Textilien, Schuhe, Taschen und Deko-Objekte sind im Store zu finden.

Möbel sind etwas zu groß zum Mitnehmen, sagen Sie? Das mag sein. Wer auf ein Mitbringsel oder ein kleines Geschenk dennoch nicht verzichten möchte, geht zu *TIPI* (Biedermanngasse 15). Egal ob Sie eine ausgefallene Postkarte an die Lieben schicken wollen, eine außergewöhnliche Geschenkidee oder tolle Kindersachen suchen, der kleine Laden hat viel zu bieten und ist weit entfernt vom Einheitsbrei. Anne und Rabea haben ein Auge fürs Detail und eine liebevolle Art, mit der jeder Besucher empfangen wird. Einen Blick hinein lohnt sich.

Wer gewillt ist, die Innenstadt zu verlassen, kann in der Bismarckstraße 72/2 ein ganz besonderes Einkaufserlebnis machen. Der Krämerladen *Seifen Reinhardt* liegt in einem alten Wohnhaus, das von einem Hinterhof aus zugänglich ist (der Laden ist aber an der Straße ausgeschildert). Bei den Einheimischen ist er schon eine kleine Prominenz und gut besucht, denn dieser Laden hat so einiges zu bieten! Man taucht ein in eine andere Welt, wird begrüßt von einer schon antiquarischen Kasse und dem freundlichen Team, das gerne berät und hilft.

Das ist auch nötig, denn das Haus ist von Garage über Keller bis zum Dach hin vollgestopft mit Waren. Alles, was ein Haushalt braucht, kann hier gefunden werden: Küchenausstattung, Seifen, Körbe in allen Größen und Formen, aber auch Gartenutensilien, Mausefallen und Freizeitartikel. Nostalgisch wird es zwischen Butterriemen und Wäschestampfern. Von alt bis modern, alles unter einem Dach. Diesen Laden sollte man sich nicht entgehen lassen und auch mal nach oben gucken, denn teilweise finden sich auch interessante Waren, die von den Balken baumeln.

# SPORTLICHES IM ÜBERBLICK

Das sportliche Angebot der Stadt ist breit gefächert und vieles eignet sich hervorragend für Familien. Die unterschiedlichen Anbieter der jeweiligen Sportarten sind hier kurz aufgeführt:

- Beachvolleyball

Im Wertwiesenpark gibt es eine öffentliche Anlage, außerdem befinden sich in den Freibädern dafür vorgesehene Felder.

- Boots- und Kanufahrten, Stand Up Paddling auf dem Neckar

*Neckarboot* bietet neben den BBQ-Donuts (s. Seite 12) noch Speedo-Boote und Tretboote an. Die Speedboote sind für zwei Personen ausgelegt und werden von einem kleinen Benzinmotor betrieben. Dieser kann von jeder volljährigen Person bedient werden. Gemütlicher geht es im Tretboot zu. Bis zu vier Personen können hiermit über den Neckar schippern.

Preise: Tretboote 1 Stunde 12 €, ½ Stunde 8 €, Speedo-Boote 1 Stunde 30 €, ½ Stunde 20 €. www.neckarboot.de

Die unterschiedlichsten Kanutouren werden

von *Indianerfreizeit* und *Kanu+Bike* angeboten. Beginnend von Touren durch Heilbronn (½ bis 3 Stunden) bis hin zu 5-Tages-Touren von Bad Friedrichshall bis Heidelberg. Für jeden Wassersportler gibt es die passende Strecke.

www.indianerfreizeit.de oder www.kanubike.de

Der neue Trendsport Stand Up Paddling hat inzwischen ganz Deutschland erreicht. Auf einem Board, das dicker und etwas breiter ist als ein Surfboard, bewegt man sich im Stehen mit einem längeren Paddel fort. Gleichgewicht spielt dabei eine entscheidende Rolle und auch der Spaß kommt nicht zu kurz. Sowohl bei *SUPZONE* als auch bei *SUP Profi* kann man Anfängerkurse und Touren für Fortgeschrittene buchen. *SUP Profi* bietet außerdem den Verleih von Equipment an, sodass man auch selbstständig auf dem Fluss unterwegs sein kann. Außerdem gibt es für alle, die das Gleichgewicht noch mehr herausfordern möchten, die Möglichkeit am SUP Yoga mitten auf dem Neckar teilzunehmen.

www.supzone.de oder www.sup-profi.de

• Tennis, Squash und Badminton

Bei *Happy Match* können diese drei Sportarten mit

Sauna/Dampfbad oder einer Infrarotkabine kombiniert werden. Tennis kann das ganze Jahr über drinnen und draußen gespielt werden und auch für Nachtschwärmer wird es attraktiv: Der Spielbetrieb bei allen drei Sportarten geht bis 23:30 Uhr.

Preise: Tennis ab 13 € pro Stunde, Squash/Badminton ab 16 € pro Stunde. Teilweise ist die Saunanutzung im Preis inbegriffen. Darüber hinaus gibt es auch günstigere Angebote an bestimmten Wochentagen.

www.happy-match.de

• Radfahren und Inlineskaten

Die Region rund um Heilbronn ist eine beliebte Radfahrgegend. Viele der Radwege eignen sich auch als Strecken zum Inlinerfahren.

Die *Burgenstraße* ist ein Radweg, der auf seinem Weg von Mannheim bis Bayreuth Schlösser, Burgen und historische Städte miteinander verbindet. Auf der Website können einzelne Etappen oder auch die komplette Tour kostenlos heruntergeladen werden, entweder in den Formaten GPX und KML oder als Detailkarte zum Ausdrucken. So hat man unterwegs alles im Blick. Wer lieber etwas mehr in der Hand hat, der kann sich das Bikeline-Radtourenbuch

„Burgenstraße" bestellen (13,90 €), welches neben den Karten auch Infos zu Unterkünften und viele Tipps bereithält.

www.burgenstrasse.de

Einer der schönsten Radwege ist der *Neckartal Radweg*. 2019 erhielt er den 3. Platz in der Kategorie „Beste Flussradtouren 2019" vom Bike&Travel A-ward. Er ist 366 km lang und führt von Villingen-Schwenningen bis nach Mannheim. Auch hier gibt es die GPS-Daten zum Herunterladen und genaue Infos zu den einzelnen Etappen. Außerdem sind auf der Website noch viele andere Touren im Neckartal aufgelistet.

www.neckartalradweg-bw.de

Bei *Radfahren Baden-Württemberg* finden sich die unterschiedlichsten Touren über das ganze Bundesland verteilt, aufgeteilt in mehrere Kategorien wie Flussradwege, Weinradwege, Familientouren und Naturparktouren. www.radfahren-bw.de

Urlaub auf dem Fahrrad und nachts gemütlich schlafen? Auf *Bett und Bike* finden Sie in Deutschland und Europa unterschiedlichste Unterkünfte. Von Campingplätzen über Pensionen oder Hotels bis zu Ferienwohnungen, überall sind Sie mit ihrem

Fahrrad willkommen. Zudem finden Sie über 120 (Fern-)Radwege und jede Menge Inspiration zum Thema Fahrradreisen.

www.bettundbike.de

Sie möchten gerne eine Radtour unternehmen und haben kein eigenes Fahrrad? Kein Problem, bei *Travel Bike* finden Sie die Anbieter für Leihräder der Region: Sport-, Tourenräder und E-Bikes.

www.travelbike.de

- Wandern

Einige Tipps gab es schon im Kapitel 4 zu lesen. Wer noch einen schönen entspannten Weg hinzufügen möchte, der sollte den Skulpturen Weg probieren. Über zwei Kilometer hinweg sind zwölf Holzskulpturen zu bestaunen. Diese entstanden bei einem Motorsägenschnitzwettbewerb und zeigen z. B. einen Bären, einen Engel oder „den König vom Köpfertal". Der Ausgangspunkt ist die *Waldschänke im Köpfertal* (Schießtal am Köpfer 1) und führt gut beschildert den Köpferweg entlang über den Frühlingsweg wieder zurück. Auch für Kinderwagen oder Rollstuhlfahrer ist der Weg gut geeignet.

- Wanderreiten

Wer statt auf Füßen auf Hufen unterwegs sein

möchte, der kann sich eine schöne Route bei *Wanderreiten Hohenlohe* aussuchen. Egal ob 2-Tages- oder 4-Tages-Ritte durch die Region, jeder Ritt hat seine Highlights. In einer kleinen Gruppe (max. fünf Reiter) auf Leihpferden geht es mit einem Profi als Guide los, jede Route ist inkl. Vollpension und kann auf Anfrage auch mit eigenem Pferd geritten werden. Wichtig sind Geländeerfahrung und eine Grundausbildung im Freizeitreiten.

www.wanderreiten-hohenlohe.de

• Eislaufen und Eishockey schauen

Von Mitte September bis Ende März ist dienstags bis sonntags die Eishalle zum Schlittschuhlaufen geöffnet. Jeden 1. und 3. Samstag ist sie tagsüber dem Eishockey vorbehalten, dafür gibt es jeden Samstag von 18:00 - 22:00 Uhr die Eisdisco. Wenn die Heilbronner Falken, die Eisbären Heilbronn oder die DNL3 ihre Heimspiele haben, können die Öffnungszeiten allerdings variieren, Fragen werden gerne telefonisch unter 07131 64480 beantwortet.

Preise: für Kinder bis 5 Jahre 3 €, Kinder von 6-12 Jahre 4 €, Jugendliche von 13-17 Jahre 4,50 € und Erwachsene 8 €. Eisdisco Einheitspreis 6 € und das Schlittschuhleihen 4 €.

www.stadtwerke-heilbronn.de/eisstadion-heil-bronn

- Minigolf

Ein Platz ist im Wertwiesenpark zu finden. Etwas Besonderes gibt es bei *Simigolf*: Hier kann man auf über 500 Quadratmetern Indoor-Schwarzlicht-Minigolf spielen. 18 Bahnen und überraschende 3D Effekte erwarten Sie, einziger Nachteil: die beiden Standorte sind etwas außerhalb von Heilbronn und am besten per Auto zu erreichen. Reservierung ist dringend zu empfehlen, da es gerade am Wochenende voller werden kann.

Preise: Kinder unter 5 Jahren frei, Kinder bis 14 Jahre 7,90€, Erwachsene ab 15 Jahre 9,90€.

www.simigolf.de

- Klettern und Bouldern

Fans dieser Sportarten kommen hier voll auf ihre Kosten. Der Deutsche Alpen Verein hat für seinen Standort Heilbronn eine moderne und vielfältige Kletter- und Boulderhalle geschaffen. Auf fast 3000 qm Fläche kann sowohl In- als auch Outdoor geklettert und gebouldert werden. Der Kletterbereich innen hat eine maximale Höhe von 18,5 m, 30 fest installierte Top-rope-Stationen und etwa 120

Vorstiegsrouten in den unterschiedlichen Schwierigkeitsstufen. Im Außenbereich gibt es eine Wandhöhe von 16,35 m und ca. 90 Kletterrouten. Außerdem eine genormte Speedwand mit Selbstsicherungsautomaten, an der Sie ihre Geschwindigkeit messen können. Auch der Boulderbereich ist In- und Outdoor aufgeteilt und hat ca. 150 Routen in 7 Schwierigkeitsstufen. Für die Kids gibt es eine Mini-Boulderhöhle und einen speziellen Kinder-Boulder-Bereich. Wer jetzt noch trainieren möchte, der nutzt den vielfältigen Trainingsbereich mit Fingerboards, Slingtrainern, Ringen, freihängenden Kugeln, Hanteln und vielem mehr.

Für alle, die lieber an Felsen klettern als an den Griffen, wurde der Kletterturm im Stadtteil Böckingen gebaut. Er ist 15 m hoch und wurde aus Spritzbeton gefertigt, was es ermöglichte, Tritte und Griffe ähnlich der natürlichen Felsenstruktur herzustellen. Es wurde auch ein kleiner Klettersteig geschaffen, der auf das Podest an der Spitze des Turmes führt.

Preise: Kletterturm: Tageskarte 12 € für Nicht-Mitglieder des DAV, DAV Mitglieder 6 €. Halle: Tageskarte Erwachsener 15 €/13 € (DAV), Kinder unter 18 Jahren 12 €/10 € (DAV).

www.dav-heilbronn.de

- Schwimmen

Im *Freizeit- und Solebad Soleo* (Untere Neckarstraße 21) warten fünf verschiedene Becken auf alle Wasserratten. Neben dem Schwimmbecken mit 25 Meter Bahnen und Sprungturm (1, 3 und 5 Meter) gibt es noch das Lehrbecken mit einer maximalen Tiefe von 1,25 Meter, ein Mineralsolebad und ein Sole-Außenbecken. Die ganz Kleinen freuen sich über Spielzeuge im Planschbecken. Zum Entspannen laden der Whirlpool und die große Liegelandschaft ein.

Preise: Tageskarte Erwachsene 6,30 €, Ermäßigte 5,20 €, Kinder (ab einer Größe von 1,05 m bis 18 Jahre) 3,40 €. Es gibt auch Familienkarten und kürzere Tarife.

www.soleo-heilbronn.de

Das Freibad *Neckarhalde* (Neckarhalde 21) hat ein Schwimmbecken mit 50 Meter langen Bahnen, ein Nichtschwimmerbecken mit Rutsche, ein Sprungbecken mit 10-Meter-Turm und ein Planschbecken. Auf einer großen Liegewiese kann man sich ausruhen oder beim Beachvolleyball und Tischtennis die Sonne genießen.

Preise: Tageskarte Erwachsene 4 €, Ermäßigte 2,80 €, Kinder (s. o.) 2,20 €. Es gibt auch Familienkarten und einen Feierabendtarif.

Ein weiteres Freibad ist das Freibad *Gesundbrunnen* (Römerstraße 171), das zusätzlich zu den Ausstattungen des o.g. Bades noch einen Wasserfall und eine größere Liegewiese vorzuweisen hat. Die Preise bleiben gleich.

www.heilbronner-baeder.de

- Skateranlagen

Im Wertwiesenpark, in der Moltke- und Theresienstraße, an der Böckinger Brücke und im Leinbachpark sind Anlagen vorhanden.

- Yoga

Es gibt viele Yoga Studios in Heilbronn, es ist also für jeden was dabei. Wer aber mal eine besondere Yogavariante ausprobieren möchte, der ist im *Yogaloft Heilbronn* gut aufgehoben. Neben anderen Yoga Richtungen wird hier auch Aerial Yoga unterrichtet, bei dem man die Stellungen in an der Raumdecke befestigten Tüchern einnimmt. Die Herausforderung liegt hier im Vertrauen und Loslassen, wer dies schafft, wird mit einem Gefühl der Schwerelosigkeit belohnt.

Preise: Probestunde 12 €.

www.yogaloft-heilbronn.de

Im Sommer findet regelmäßig das Projekt *40 Tage Yoga* statt. An 40 aufeinander folgenden Tagen wird hier ehrenamtlich von zertifizierten Yogalehrern eine Stunde Kundalini Yoga für jedermann unterrichtet. Auch Rollstuhlfahrer/innen sind herzlich willkommen und für Menschen mit Bewegungseinschränkungen stehen Stühle bereit. Es gibt keinen festen Eintritt, dafür werden jedes Jahr für einen guten Zweck Spenden gesammelt. Veranstaltungsort ist der *Botanische Obstgarten*.

Infos: 40tage.yoga@web.de

## PARKANLAGEN

Der *Wertwiesenpark* am Neckar entstand mit der Umstrukturierung einiger Bereiche der Stadt für die Bundesgartenschau 2019. Durch diese Maßnahmen hat die Stadt im Allgemeinen sehr gewonnen. Neben einer großen Staudenfläche, die über den Großteil des Jahres hinweg ein wahres Blütenmeer entfacht, und dem Rosengarten, beherbergt er zwei Spielplätze, einen Wasserspielplatz, eine Kneipp-Anlage, in der man sich im Sommer hervorragend abkühlen kann, und auf einer gekennzeichneten Wiesenfläche direkt am Neckaruferweg darf man grillen.

Der *Pfühlpark* im Osten der Stadt ist der älteste Park Heilbronns. Man kommt von einem angelegten Gartenteil zu zwei Liegewiesen, die zum Picknicken einladen. Am Rande der Wiesen verläuft der Pfühlbach, an dem im Sommer die Kinder spielen. Daneben gibt es ein kleines Areal mit Vogelvolieren. Hier können unterschiedliche Wellensittiche und Papageien beobachtet werden. Folgt man den Blick entlang des Baches, sieht man einen großen Spielplatz mit Tischtennisplatten und einen urigen kleinen Kiosk. Eine Straßenüberquerung später, steht man am Pfühlsee, an dem eine große Holzplattform zum Beobachten der Tier- und Pflanzenwelt einlädt. Geht man noch etwas weiter, kommt man zu einer weiteren Sehenswürdigkeit Heilbronns: den Trappensee, in dessen Mitte eine kleine Insel das Fundament für das *Trappenschlösschen* bildet. Dieses im 16. Jahrhundert gebaute Gebäude wird heute noch als Veranstaltungsort für Lesungen, Workshops, Seminare oder Tagungen benutzt. Außerdem kann man dort romantisch standesamtlich heiraten.

Der *botanische Obstgarten* am Fuße des Wartbergs hat viele Facetten und ist in verschiedene Themengebiete aufgeteilt: Obstgehölze, Stauden, Bauerngarten, Insektengarten, Sonnenanbeter... Über den Garten hinweg verteilt stehen die unterschiedlichsten Gartenlauben in den verschiedensten Stilen, die das Landschaftsbild abrunden. Im Hofladen können aus dem Obstgarten bestückte Blumensträuße, Kränze, Gestecke und Ähnliches gekauft werden, sinnvollerweise je nach Saison. Zusätzlich wird allerhand Gartendeko angeboten. Im Hofcafé kann ein schönes Stück Kuchen mit Kaffee genossen werden. Über das Jahr verteilt finden hier auch verschiedene Märkte statt.

# A LITTLE LESS CONVERSATION, A LITTLE MORE ACTION PLEASE

Drei Unternehmungen, bei denen eine kleine Gruppe durchaus sinnvoll ist, nennen sich: *The Game*, *Escape Room* und *Laser Tag*.

Bei *The Game* geht es ähnlich zu wie in einer Spielshow, nur dass Sie jetzt die Teilnehmer sind. Aufgeteilt in zwei Teams treten sie in vier Spielen gegeneinander an. Der sie dabei begleitende Moderator vergibt am Ende jedes Spieles Punkte. Ob Rot oder Blau gewinnt, entscheidet später die Punktezahl. Das Ganze dauert eine Stunde und kostet 19 € pro Person bei sechs Spielern. Weitere Infos unter www.thegame-hn.de

Sie sind eingeschlossen in einem Raum und haben eine Stunde Zeit, um alle Rätsel zu lösen und damit den Schlüssel für die Tür zu erhalten. Das ist das Prinzip von *Escape Room*. Unterschiedliche Räume mit verschiedenen Themen und Schwierigkeitsstufen stehen zur Auswahl. Bei allen Anbietern kostet der Spaß 17 € pro Person bei 6 Spielern. Bei *Anomalie Escape* gibt es noch zwei interaktive Stadtrallys als Alternative für je 20 € pro Person.

www.anomalieescape.de   www.cube-escape.de www.exodus-hn.de

Der Vorteil von *Laser Tag* gegenüber Paintball ist, dass man keine Schutzklamotten benötigt, ohne blaue Flecken nach Hause geht und keine Extrakosten für Munition etc. hat. In einer Halle auf 3.000 Quadratmetern Fläche spielt jeder gegen jeden oder in Teams. Es gibt verschiedene Modi, die in einer Sicherheitseinweisung (5-10 min) zusammen mit den

Funktionen der Ausrüstung und den Möglichkeiten auf dem Spielfeld erklärt werden. Trotz des Namens muss man sich keine Sorgen um seine Augen machen, denn der Laser ist nicht gesundheitsschädlich. Also ab in die Arena und viel Spaß beim Schießen. Preis: ab sechs Personen 30 € pro Person für 1,5 Stunden. Jede weitere halbe Stunde pro Person 7 €. Die Halle öffnet nur nach Reservierung, also bitte vorher anrufen oder online buchen. Sie befindet sich etwas außerhalb von Heilbronn (Im Unterwasser 17, 74235 Erlenbach). Tel: 0163 6603206. www.lasertagheilbronn.com

Aktiv werden und nebenbei Heilbronn und seine geheimen Ecken erkunden, das ist *Geocaching*. Dabei geht es darum mit einem GPS-fähigen Gerät Spuren zu finden, Rätsel zu knacken und den Cache am Ende zu finden: meist gut versteckte Blechbüchsen oder kleine Tupperdosen mit einer Überraschung darin. Wichtig: Man versteckt diese wieder an der gleichen Stelle, damit sich weitere Spieler darüber freuen können. Es gibt Varianten, bei denen man bezahlte Touren macht und dort den Preis meist behalten kann, oder man lädt sich eine kostenlose App herunter und kann dann loslegen. Einen Stift sollte man allerdings immer in der Tasche haben. Man entdeckt dabei neue Ecken, selbst in schon bekannten Gegenden, oder Orte, die für die meisten Menschen längst vergessen sind. Nebenbei hält man sich an der frischen Luft fit und kann allein oder in der Gruppe richtig viel Spaß haben. www.geocaching.com ist eine der größten Plattformen mit Caches verteilt auf der Welt. Nach dem Erstellen eines Benutzerkontos können Sie sich direkt mithilfe der App oder eines GPS-Gerätes auf die Suche machen. Von der Plattform werden auch regelmäßig Events veranstaltet oder besondere neue Caches erstellt. Außerdem kann jeder einen eigenen Cache erstellen und dort einreichen. Nach einer Prüfung wird dieser dann für alle veröffentlicht.

**Tipp:** Um den Tag nach so einem Abenteuer gebührend ausklingen zu lassen, kann man bei *Neckarboot* (Neckarhalde 11) einen BBQ-Donut mieten. Das ist ein rundes Boot für bis zu 9 Personen, mit einem Tisch in der Mitte. Ein Teil der Tischplatte lässt sich entfernen, um entweder einen Grill oder eine Getränkeschale darin unterzubringen (zubuchbare Pakete). Zutaten/Essen kann selbst mitgebracht oder dazugebucht werden. Getränke sollten dort erworben werden. Das Boot ist mit einem Benzinaußenmotor ausgestattet, den nach einer kurzen Einweisung jede volljährige Person bedienen kann und darf. Da steht einer schönen Runde auf dem Neckar in guter Gesellschaft nichts mehr im Weg. www.neckarboot.de

# DEN KULINARISCHEN HORIZONT ERWEITERN

Im Urlaub hat man Zeit, Hobbys und neuen Ideen nachzugehen. Warum dann also nicht mal einen Koch- oder Backkurs in einer neuen Stadt mit regionalen Inhalten machen? Denn über die regionalen Spezialitäten lernt man auch die Leute und ihre Kultur kennen. Hier also ein paar Vorschläge bezüglich Veranstalter aus der Region Heilbronn:

Die moderne Küche des *Kochwerks* befindet sich in Backnang (Winnender Straße 17). Hier kann jeder, egal ob Hobbykoch oder blutiger Anfänger, einen Kochkurs belegen und von Profiköchen lernen. Neben Kursen wie „Maultaschen selbst gemacht" oder „Saftige Steaks und Co." findet man auch außergewöhnlichere wie „Küchenkultur: Die Küche Mexikos" oder „Meeresfrüchte". Für 79 € pro Person kocht man an einem Abend ein leckeres Menü, verspeist dieses in guter Gesellschaft und bekommt noch eine Rezeptmappe für Zuhause. Aperitif und Tafelwasser sind inklusive.

www.kochwerk-backnang.de

Das *Voltino Catering* ist in Heilbronn

(Weipertstraße 41) bei vielen Events und Hochzeiten anwesend und bezaubert die Gäste mit schön angerichteten Speisen und ganz viel Geschmack. Sie sind mindestens acht Personen und wollen in einer Profiküche ein deliziöses Drei-Gänge-Menü zubereiten? Wertvolle Tipps und Tricks helfen Ihnen dabei, die frischen Zutaten zu verarbeiten und den richtigen Schwung beim Spätzleschaben zu finden. Die Menüs können individuell zusammengestellt werden oder Sie suchen sich ein Themenmenü (Wild- und Pilz-Menü, Spargel-Menü) aus. 85 € kostet der Abend pro Person, inklusive Rezepthefter mit allen Infos zum Abend, 1 Glas Sekt, zum Essen ein Glas Wein und Wasser passend zum Menü und eine Kaffeespezialität zum Dessert.

www.voltino.blickeins.com/kochkurs/

Wer statt in der Küche lieber Lust hat, in der Backstube zu stehen, der ist bei den *Wild Bakers* aus Bad Friedrichshall (*Bäckerei Hirth, Poststr.11, 74177 Bad Friedrichshall*) genau richtig. Die beiden deutschen Meister von 2012 lieben ihr Handwerk und wollen die Tradition erhalten, indem sie sie mit innovativen Ideen mischen. Die Erlebnisbackkurse vermitteln viel Know-how für Zuhause, denn Sie sollen in der Lage sein, danach alles erneut allein an-zuwenden. Deswegen gibt es gegen Ende der Kurse immer eine Fragerunde mit den Profis, bei der erstens alle Fragen geklärt werden und zweitens die eigenen Backstücke verköstigt werden können. In einer Pause während des Kurses können auch Ergebnisse aus anderen Kursen probiert werden. Die Auswahl der Kurse ist groß, ebenso wie der Andrang. Egal ob „Schwäbischer Backkurs- Round 2", bei dem schwäbische Traditionsgebäcke hergestellt werden, oder „Brot backen 2.0", bei dem eine bunte deutsche Brotauswahl mit verschiedenen Techniken gebacken wird, alles ist schnell ausgebucht. Also am besten schon vor Reiseantritt einplanen. Die Kurse kosten um die 99 € inkl. Rezepte, Schürze und Verpflegung und dauern meist drei bis vier Stunden.

www.wildbakers.de

Ganz natürlich geht es auch bei *Bäcker Beck* zu, denn hier gibt es keine chemischen Zusätze oder Gehhilfen. Nur natürliche Zutaten wandern in dieser Backstube in den Ofen. Unter dem Motto „Backen und Helfen" wird in der kleinen, aber professionell eingerichteten Backstube in der eigenen Wohnung gebacken. Für Backtage kann man Gebäck oder Brot vorbestellen, ansonsten wird kostenlos für Gemeinden, Bedürftige und Freunde/Verwandte gebacken. Auf Anfrage können 1-2 Personen zu einem individuellen Backkurs vorbeikommen. Dabei wird Basiswissen bezüglich Mehlsorten, Teig und Rezepturen vermittelt, es kann Brot mit unterschiedlichen Führungen probiert und Gebäcke gebacken werden. Diese Kurse dauern ca. 4-6 Stunden und finden in Heilbronn-Horkheim statt. Weitere Informationen unter: info@backen-und-helfen.de, Termine nach telefonischer Absprache: 0157 55423226.

www.backen-und-helfen.de

## REGELMÄSSIGE VERANSTALTUNGEN

Neben aktuell unterschiedlichen Veranstaltungen gibt es auch einige, die sich jedes Jahr wiederholen:

- Januar: *Zirkuspalast*, größtes kostenloses Kinderzirkusfest Deutschlands
- Februar: *Pferdemarkt*, Viehmarkt am Trappensee und Krämermarkt in der Innenstadt
- Mai: *Trollinger Marathon*, Halbmarathon oder Marathon durch die Umgebung Heilbronns

- Juli: *Gaffenberg Festival*, Internationale Stars treten auf dem Gaffenberg auf
- Juli/August: *Heilbronner Volksfest*
- September: *Weindorf*, s. Kapitel 4
- Oktober: *Heilbronner Hafenmarkt*, Schwerpunkt des Marktes liegt auf Töpferwaren („Hafner" ist ein anderer Begriff für „Töpfer")
- November/Dezember: *Weihnachtsmarkt* auf dem Marktplatz

---

**Tipp:** Im *Hanix Magazin* findet man Infos über die Geschehnisse in Heilbronn und Region, ebenso wie alle aktuellen Veranstaltungen. Zu finden ist das kostenlose Magazin beispielsweise in Restaurants/Bars, Hotels, Museen, Einzelhändlern, Tankstellen etc.

# Lebendige Kultur

Wie bereits erwähnt, tummelt sich in der Stadt ein buntes Kulturangebot. Ich habe hier einige herausgesucht, aber es gibt noch weitere Museen, Theater und natürlich auch Kinos, deren Erwähnung den Rahmen gesprengt hätten. So habe ich mich auf einige nennenswerte Beispiele beschränkt. Vorneweg möchte ich noch erwähnen, dass es ein Kulturbonusheft gibt. Es enthält 33 Gutscheine und kann für 15 € erworben werden. Falls Sie überlegen mehrere kulturelle Orte oder Veranstaltungen zu besuchen, kann sich der Kauf dieses Heftes durchaus lohnen. Weitere Infos finden Sie unter: www.heilbronn.de/kultur-freizeit/kulturbonusheft

Das *Otto Rettmeier Haus* (Eichgasse 1) ist das Haus der Stadtgeschichte. Dort wird neben wechselnden Sonderausstellungen zu den unterschiedlichsten stadtgeschichtlichen Themen vor allem eine interaktive Dauerausstellung präsentiert. „Heilbronn historisch!" erzählt den Anfang und die Entwicklung der Stadt. Highlight ist dabei ein großes interaktives Stadtmodell, welches die Stadt um 1800 herum zeigt und erklärt. Der Eintritt ist auch in den Sonderausstellungen kostenlos. Öffnungszeiten: Dienstags: 10-19:00 Uhr, Mittwoch bis Sonntag 10-17:00 Uhr. Montags geschlossen.

www.stadtarchiv-heilbronn.de

Wer Interesse an Archäologie, Kulturgeschichte oder Kunst hat, sollte das *Museum im Deutschhof* (Deutschhofstraße 6) besuchen. Im Bereich der Archäologie werden Funde aus dem Heilbronner Land gezeigt. Der Schwerpunkt liegt dabei auf der Steinzeit und der römischen Epoche. Die kulturhistorische Sammlung beschäftigt sich hauptsächlich mit der Silberwaren- und Papierindustrie, da diese die Region nachhaltig prägten. In der Kunstsammlung werden viele unterschiedliche Medien präsentiert: zahlreiche Plastiken und Bildhauereien, aber auch Malerei, Grafiken und vieles mehr. Alle haben dabei einen lokalen Hintergrund. Auch hier finden regelmäßig Sonderausstellungen und Veranstaltungen wie Vorlesungen, besondere Führungen etc. statt. Der Eintritt ist frei. Öffnungszeiten: s. *Otto Rettmeier Haus.*

www.museen-heilbronn.de

Hier kommen die Freunde der „dampfenden Rösser" auf ihre Kosten: Im *Süddeutschen Eisenbahnmuseum Heilbronn* (Leonhardstraße 15) zeigt ein Verein seine Arbeit, nämlich restaurierte Dampf- und Diesellokomotiven. Zwanzig Exemplare davon warten im Ringlokschuppen auf ihren Einsatz, zehn sind noch in der Aufbereitungsphase. Vielleicht haben Sie ja Glück und es findet während Ihres Aufenthaltes eine Dampfzugfahrt statt. Diese kann auch für Gruppen extra gebucht werden und führt Sie dann über die schönsten Strecken Baden-Württembergs. Preise: Erwachsene 5 €, Kinder 2,50 €, Familien (2 Erwachsene und bis zu 3 Kinder): 12,50 €. Öffnungszeiten: März bis Oktober samstags, sonntags und feiertags 10-18:00 Uhr; November bis Februar samstags 11-16:00 Uhr.

www.eisenbahnmuseeum-heilbronn.de

Von Museen nun zur lebendigen Kunst. Ein Schmuckstück ist das *Theaterschiff* (Anlegeplatz Obere Neckarstraße 31). Ca. 150 Vorstellungen im Jahr verteilt auf Kabarett, Musik, Lesungen und Theater finden auf dem ersten Theaterschiff Deutschlands statt. Ein leichtes Schaukeln begleitet das beleuchtete Schiff, sobald andere Schiffe vorbeifahren und untermalen damit die erzählten Geschichten.

www.theaterschiff-heilbronn.de

Im *Alten Theater Heilbronn* (Lauffener Straße 5) gibt es was auf die Ohren und für die Seele. Livemusik, Tanz, Kabarett und Jazz reichen sich hier die Hand. Jeden Sonntag findet das „Wavetanzen" statt, bei dem die Musik nur so dahinfließt und man sich von seinem Alltag freitanzen kann. Dienstagabend führt Tamara alle, die es wollen, in die Welt des Orients mit Workshops für orientalischen Tanz für Anfänger und Fortgeschrittene. Außerdem beherbergt das *Alte Theater* den *Cave61*, ein in Deutschland bekannter Jazzclub mit Konzerten von den internationalen Stars der Szene und somit ein Muss für jeden Jazzliebhaber!

www.altes-theater-heilbronn.de und
www.cave61.de

Der *Kulturring Heilbronn* ist ein gemeinnütziger Verein mit einem Herz für die Klassik. Egal ob Nachwuchsmusiker oder Orchester, Ensembles oder Solisten, der Verein stellt alle auf die Bühne der *Harmonie* oder des *Museums im Deutschhof*.

www.kulturring-heilbronn.de

Wer die Klassik liebt, kommt in der Stadt auch am *Heilbronner Sinfonie Orchester* nicht vorbei. Neben der Klassik widmet sich dieses Orchester aber auch anderen Musikstilen. Im Juli gibt es jedes Jahr ein Open-Air-Konzert, sonst ist das 1948 gegründete Orchester in der *Harmonie* zu finden.

www.hn-sinfonie.de

Ein besonderes Projekt ist das *Spiel mich! In Heilbronn*, welches 2017 von der Heilbronner Bürgerstiftung ins Leben gerufen wurde. Dabei handelt es sich um von Künstlern farbig gestaltete Klaviere, die unter freiem Himmel verteilt in Heilbronn stehen. Von Ende Juni bis Anfang September kann jeder, der sich in der Musik ausprobieren möchte, diese Klaviere nutzen. Besonders schön ist der einzige Flügel im Repertoire, der mit Musikern und ihren

Musen bemalt ist. Durch seine Positionierung im Innenhof des Heilbronner Bankhauses darf man das Publikum aber nicht scheuen, denn die Café- und Restaurantgäste, die das schöne Wetter draußen genießen, hören gerne aufmerksam zu. Die Standorte und weitere Infos zum Projekt gibt es hier:

www.spiel-mich-hn.de

Die *Känguruh Kulturinitiative für Kinder* erstellt jedes Jahr ein kulturelles Programm für Kinder ab 4 Jahren. Das Känguruh Theater hat viel zu bieten: Kinder- und Puppentheater, Marionetten tanzen oder Märchen werden erzählt. Erwachsene dürfen hier auch gerne das innere Kind wiederentdecken.

www.hdf-hn.de/kaenguru-theater-im-haus-der-familie

Im Sommer gibt es noch eine schöne Heilbronner Tradition. An 20 Tagen wird in der Genossenschaftskellerei Heilbronn (Binswanger Straße) das *Open-Air-Kino-Heilbronn* geöffnet. Auf einer 128 Quadratmeter großen Leinwand werden die aktuellen Topfilme gezeigt. Um 19:00 Uhr beginnt das Vorprogramm mit Livemusik, Shows und Tanz und um 21:15 Uhr folgt dann der Film. Bei fast jedem Wetter findet das Programm statt, sodass man dementspre-chend gekleidet sein sollte. Bis zu 300 Plätze sind aber auch überdacht. Platzreservierungen sind nicht möglich, das heißt, früh kommen lohnt sich. Auch für das leibliche Wohl ist gesorgt, alle Vorbereitungen für einen gemütlichen Abend sind also getroffen. Die Tickets beginnen bei 9 € und können im Vorverkauf, online oder an der Abendkasse ab 19:00 Uhr gelöst werden.

www.open-air-kino-heilbronn.de

Ein besonderes Kino möchte ich noch erwäh-nen: Das *KoKi-Kommunales Kino Heilbronn e.V.* (im Kulturkeller, Gartenstraße 64). Dieser Verein setzt sich für den Erhalt hochwertiger Filmkunst ein, die weit entfernt ist von den Hollywood Blockbustern, die in den herkömmlichen Kinos laufen. Jeden Mitt-wochabend wird hier ein ausgesucht anspruchsvol-ler Film gezeigt, der anders ist als sonst und viel-leicht auch mit einigen spannenden Wendungen auf-warten kann. Wer die Vorhersehbarkeit der Hand-lungsabläufe in den meisten Mainstream-Filmen leid ist, wird hier Filmkultur wiederfinden.

www.koki-heilbronn.de

**Großes Highlight:** Die *experimenta* ist mitten im Stadtzentrum neu entstanden, es ist das größte Science Center Deutschlands. An 275 Mitmachstationen können Besucher aller Altersstufen etwas über Wissenschaft und Technik lernen und den Forscher in sich finden. Vom „Stoffwechsel" über das „Forscher Land" (ein großer Abenteuerspielplatz zum Experimentieren) bis zum „Science Dome", einer Kombination aus Planetarium und Theater, in dem man sich auf virtuelle Reisen begeben oder sich bei den Experimentalshows verblüffen lassen kann. Und wenn der Funke übergesprungen ist und die Idee zündet, geht es zum „Maker Space", der Werkstatt zum Tüfteln und Ausprobieren. Öffnungszeiten: Entdecker- und Erlebniswelt Montag bis Freitag 09-17:00 Uhr, Samstag, Sonntag und Feiertage 10-18:00 Uhr; Maker Space: Dienstag bis Samstag 15-22:00 Uhr. Preise (Gesamtticket, es können auch günstigere Tickets für einzelne Bereiche erstanden werden): Erwachsene: 19 €, Ermäßigt: 10 €, Familienticket: 47 €.

# Schöne Ziele der Umgebung

Es gibt rund um Heilbronn eine Vielzahl an schönen Burgen, tollen Wanderwegen durch die Weinberge (s. Kapitel 4) und niedlichen Dörfern. Außerdem ist der Weg nach Schwäbisch Hall mit der großen *Würth Kunstsammlung*, Heidelberg mit seinem Schloss und der historischen Innenstadt, und der Weg nach Stuttgart mit der *Wilhelma* und zahlreichen anderen Sehenswürdigkeiten nicht weit. Diese habe ich bewusst außen vor gelassen und mich auf ein paar besondere Ziele in der Nähe beschränkt.

Etwa eine dreiviertel Stunde von Heilbronn entfernt liegt Murrhardt. Das kleine Dorf wirkt zunächst
recht unscheinbar, aber neben dem Dorf im Wald
verstecken sich wunderschöne Wandertouren rund
um oder durch die *Hörschbachschlucht*. Diese
Schlucht verbindet zwei Wasserfälle miteinander
und führt mitten durch einen Wald. Der Weg hin-
durch ist zwischenzeitlich mit ein paar schmalen
Stellen und etwas Kraxeln verbunden, aber gut
machbar, wenn man nicht unsicher auf den Beinen
ist. Festes Schuhwerk ist aber dringend zu empfehlen, da es auch mal etwas rutschig werden kann. Der
ca. 2 km lange Weg schlängelt sich um und auch mal
über den Fluss und an vielen Stellen hat man Gelegenheit, die Füße auch mal zur Abkühlung ins kalte
Nass zu stellen. Die verschiedenen Routen und Parkmöglichkeiten können sie hier einsehen: www.murr-
hardt.de/de/Tourismus-und-Freizeit/Wandern,-
Radfahren-und-Freizeiterlebnis/Wandern/Wander-
routen/Wanderroute-1-Zu-den-rauschenden-
H%C3%B6rsch

Auch mit dem Fahrrad kann man gut rund um
Heilbronn unterwegs sein. Eine schöne Tour führt

über den *Neckartalradweg* entlang des Neckars über Neckarsulm und Bad Friedrichshall nach *Bad Wimpfen*. Dieser malerische Ort ist etwas höher gelegen, was zu einem traumhaften Ausblick über das Neckartal führt. Außerdem kann man in diesem historischen Ort zwischen schönem Fachwerk und alten Steingebäuden einen Kaffee genießen, bevor man sich auf den Rückweg begibt. Zur Weihnachtszeit hat Bad Wimpfen einen sehr schönen Weihnachtsmarkt vorzuweisen, der sich über die gesamte Kleinstadt erstreckt.

Schwindelfrei und ohne Höhenangst sollte man im *Waldkletterpark Weinsberg* (Kernerstraße 17, 74189 Weinsberg) sein. Verschiedene Routen führen die Kletterer, nach einer Sicherheitseinweisung über das moderne doppelte Sicherungssystem, in bis zu 13 m Höhe. Neun Routen, jeweils drei in den Schwierigkeitsstufen leicht, mittel und schwer, sind auf dem Gelände verteilt. Für zusätzliche Adrenalinstöße gibt es zwei Seilbahnen, den Tarzan Fox, bei dem man sich in ein Netz schwingt und den Free-Fall. Kinder können ab 8 Jahren bzw. ab einer empfohlenen Mindestgröße von 1,25 m dort klettern. Die Öffnungszeiten sind je nach Saison unterschiedlich und montags ist außerhalb der BW Schulferien Ruhetag. Preise (jeweils für 3 Stunden, jede weitere angefangene Stunde 5 €): Ab 18 Jahren: 20 €, 14-17 Jahre: 17 €, 6-13 Jahre 14€. Begleitpersonen, die nicht klettern, sondern nur zugucken, zahlen nichts. **Empfehlung:** Mondscheintarif. Wenn die letzten 2 Stunden der Öffnungszeiten angebrochen sind, werden die Preise etwas günstiger: Ab 18 Jahren 14 €, 14-17 Jahre 12 €, 6-13 Jahre 10 €. www.waldkletterpark-weinsberg.de

Auch ein Erlebnis für die ganze Familie ist der *Erlebnispark Tripsdrill.* Es ist ein Freizeitpark mit angeschlossenem Wildparadies. Im Freizeitpark gibt es über 100 Attraktionen und vom Kleinkind bis zum Erwachsenen ist für jeden etwas dabei: Katapult, Holzachterbahn oder Waschzuber Rafting, Weinkübelfahrt oder Wackelräder. Nervenkitzel oder entspannte Fahrt, alles ist möglich. **Empfehlung:** Beim Höhenflug sitzt man selbst am „Flügel" und bestimmt, ob es eher ruhig oder wild - mit Überschlägen - in max. 20 m Höhe rundgeht.

Im Wildparadies gibt es mehr als 50 zum Großteil einheimische Tierarten. Nebenbei kann man auf dem Walderlebnis- oder dem Barfußpfad etwas über das Ökosystem Wald lernen. **Highlights:** 2 x täglich (außer freitags) gibt es eine Flugvorführung mit Weißkopfseeadler, Turmfalke, Rotmilan, Mönchsgeier und Co. Außerdem werden 1x täglich die Wölfe, Wildkatzen, Luchse, Braunbären und Fischotter gefüttert. Öffnungszeiten Freizeitpark: April bis November 09-18:00 Uhr; Wildtierpark: April bis Oktober 09-18:00 Uhr, November bis März: 09-17:00 Uhr. Preise Freizeitpark: unter 4 Jahren frei, 4-11 Jahre 29,50 €, ab 12 Jahren 35,50 €; Wildtierpark: unter 4 Jahren frei, 4-11 Jahre 6,50 € (Montag-Freitag und außerhalb der Ferien)/ 8 € (Samstag und Sonntag und innerhalb der Ferien), ab 12 Jahren 9 €/11 €. www.tripsdrill.de

Für mehr Kontakt mit Tieren und bei vielen Kindern sehr beliebt, fährt man nach Kraichtal. Nach etwa 45 min kommt *Schmid's Alpakalodge* (Gochsheimer Straße 14+19, 76703 Kraichtal) ins Blickfeld. Dort erwartet Sie eine neugierige Herde von rund 20 Alpakas, die mit Ihnen auf die Wanderschaft gehen. Touren von 1,5 Stunden bis zu 3 Stunden können gebucht werden. Allerdings sollte auf jeden Fall vorher angerufen und reserviert werden, am besten noch vor Beginn der Reise, denn die Familie Schmid betreibt die Lodge als Hobby und ist schnell ausgebucht. Die sanften Vierbeiner werden in Deutschland immer beliebter, und diese ruhigen und friedlichen Tiere werden auch für tiergestützte Therapien bei Menschen mit Behinderung oder Traumatisierung eingesetzt. Da wundert man sich nicht, dass das Alpaka Trekking sich immer weiter wachsender Nachfrage erfreut. Zudem ist die Wolle sehr beliebt und kann in der Lodge auch für 15 € pro Kilo im Rohzustand gekauft werden. Schon weiterverarbeitet gibt es Socken in verschiedenen Farben und Größen zu erwerben. Die kleine Tour kostet für Erwachsene 25 € und Kinder bis 14 Jahre 15 € pro Person. Kinder unter 6 Jahren sind frei. Tel: 07250 927947. www.alpacalodge.de

In Sinsheim, ca. 30 min von Heilbronn entfernt, befindet sich das *Technik Museum Sinsheim* (Museumsplatz, 74889 Sinsheim). Es beherbergt eine Techniksammlung, die in ihrer Vielfalt einzigartig ist. Jeder Fan von Technik und Oldtimern wird sich hier fühlen wie im Paradies. Die verschiedensten Bereiche werden abgedeckt, von klassischen Oldtimern, Motorrädern, Lokomotiven über Militärgeschichte und Flugzeugen zu Sportwagen und sogar Musikinstrumenten. Und dies ist nur eine kleine Aufzählung der verschiedenen Ausstellungsbereiche. Zu den **Highlights** zählen der begehbare Überschalljet Concorde F-BVFB der Air France, das Experimentalfahrzeug Brutus mit Flugzeugmotoren, um schneller fahren zu können, und der DeLorean DMC-12, der für einen Sportwagen eigentlich viel zu schwer ist, aber als Zeitmaschine in „Zurück in die Zukunft" Kult-Status erreichte. Regelmäßig finden Treffen von Oldtimer-Enthusiasten oder Veranstaltungen zu Themen wie der E-Mobilität statt. Tagsüber und abends werden im IMAX 3-D Kino aktuelle Spielfilme oder Dokumentationen gezeigt. Öffnungszeiten: 09-18:00 Uhr, an den Wochenenden und Feiertagen 09-19:00 Uhr. Preise: Tagespass Erwachsene 22 €, Kinder bis 4 Jahren frei, Kinder 5-14 Jahre 17 €. Alle Preise inklusive einer Vorstellung im IMAX 3-D Kino (keine Spielfilme). www.sinsheim.technik-museum.de

180 Meter unter die Erde geht es im *Salzbergwerk Bad Friedrichshall* (Bergrat-Bilfinger-Straße 1, 74177 Bad Friedrichshall). Bei 18 °C kann man sich bei einem ca. zwei Stunden Rundgang im Sommer gut abkühlen, festes Schuhwerk sollte zur

Ausrüstung natürlich dazugehören. Dort kann man nach einer 40 m langen Rutsche und einigen urzeitlichen Dinosauriern einer Schausprengung beiwohnen oder eine der größten Bergbaumaschinen der Welt, den Continuos Miner begutachten. Mit seinen 94 Hartmetallzähnen schneidet der Stahlkoloss das Salzgestein aus den Wänden. Im Shop können Edelsteine, Mineralien, Fossilien und natürlich verschiedenste Salzprodukte erworben werden. Da es noch ein aktiver Bergbaubetrieb ist, ist das Werk von Mai bis Oktober ausschließlich an Wochenenden und Feiertagen von 09:30-15:30 Uhr (letzte Einfahrt, die letzte Ausfahrt ist um 17:30 Uhr) und im Juli zusätzlich noch freitags geöffnet. Preise: Erwachsene 10 €, Kinder unter 6 Jahren frei, 6-16 Jahre 6 €, 17-24 Jahre (Schüler und Studenten) 8 €. www.salzwelt.de

Eine alte Burg und viele Federn findet man auf *Burg Guttenberg* (Burgstraße 8, 74855 Haßmersheim), die auch die *Deutsche Greifwarte* beherbergt. Rund 80 Großgreifvögel und Eulen sind hier in den naturnah gestalteten Volieren zu Hause. Dort kann man sie in aller Ruhe beobachten. Wer die Tiere aber lieber in Aktion sehen möchte, der guckt sich eine

der Flugvorführungen an, die bei jedem Wetter statt-
finden. Die Adler schwingen sich hoch in die Lüfte
und sausen direkt über die Köpfe des Publikums hinweg. Teilweise hüpfen sie auch durch die Bankrei-
hen. Wenn man nicht genug von diesen majestäti-
schen Geschöpfen bekommen kann, gibt es die Möglichkeit sich Einzel-Falknerstunden zu buchen. Die
Flugvorführungen finden in der Hauptsaison (1. April bis 3. November) 2 x täglich um 11 Uhr und um 15
Uhr statt. In der Winterpause an sonnigen Sonnta-
gen um 12 Uhr und im März einmal täglich um 15
Uhr. Tickets für die Flugvorführung und den Rundgang Warte: Erwachsene 11 €, 5-16 Jahre 7 €, nur
Rundgang: Erwachsene 6 €, 5-16 Jahre 3 €. Öffnungszeiten täglich von 09-18:00 Uhr.

Außerdem gibt es auf der Burg ein Museum,
welches die preisgekrönte Ausstellung „Leben auf
der Ritterburg" zeigt. Im Museum gibt es auch die
Möglichkeit den 40 m hohen Burgfried zu erklimmen
und damit einen außergewöhnlichen Ausblick auf
die Region zu erhalten. **Highlight:** seit April 2019
gibt es im Dachgeschoss eine LEGO-Ausstellung mit
Bauwerken zum Thema Mittelalter. Das Museum hat
in der Hauptsaison von 10-18:00 Uhr geöffnet. Preis:

Erwachsene 5 €, 5-16 Jahre 4 €. www.burg-gutten-berg.de

Wer sich im Urlaub auch entspannen möchte, der ist richtig in der *Thermen & Badewelt Sinsheim*. Über 400 echte Südseepalmen, türkisfarbenes 34 °C warmes Wasser, ein Sportbad, eine Poolbar, 10 individuelle Saunen und 1 Dampfbad. Dazu kann man sich sein persönliches Wellnesspaket zusammenstellen und später in einer der zahlreichen Lounges den Tag gemütlich ausklingen lassen. Die unterschiedlichen Preise, Wellnesspakete und Öffnungszeiten entnehmen Sie hier: www.badewelt-sinsheim.de

# Den Hunger stillen

Viele der inzwischen typischen Restaurant-ketten wie Hans im Glück (Burger), L'Osteria (Italienisch), MoschMosch (Japanisch), Vapiano (Italienisch) oder Burger Heart (Burger) haben bereits Einzug in Heilbronn gehalten. Auch wenn man dort durchaus gut essen kann, will ich mich eher auf die individuelleren Ziele beschränken. Was in dieser Stadt allerdings immer geht, ist ein Dö-ner, denn Dönerbuden finden sich hier in der Tat zu-hauf. Man kann sie also nicht verfehlen. Dönerbuden sind in Heilbronn schon fast Kult. Ich wende mich jetzt aber anderen Alternativen zu.

## MITTAGSTISCH

- Pfeffer Lebensmittel (Kramstraße 1)

Jeden Tag ab ca. 10 Uhr wird online das neue Mittagsmenü einsehbar. Das modern eingerichtete Restaurant im historischen Fleischhaus kocht mit frischen Zutaten und erzeugt fantastische Geschmäcker. Ebenfalls kann man hier Feinkost-Spezialitäten erwerben.

Von 12-14:00 Uhr, Menü mit Vorspeise, Hauptgang und Kaffee 14 €, nur Hauptspeise 8,90 €


- Die grüne Pause (Kirchbrunnenstraße 12)

Vegetarischer, teils veganer, Mittagstisch. Die Gerichte können hier auch telefonisch vorbestellt und dann mitgenommen werden. Nicht wundern: in der Tat finden Sie die „Pause" im Foyer der Volkshochschule. Hier gibt es auch einen schönen Innenhof zum draußen sitzen.

Montags bis donnerstags von 12-14:00 Uhr, Tagesessen 6,50 €, Salat oder Rohkost 8,50 €, Dessert 2,50 €.

- Michels Küche (Gustav-Binder-Straße 3)

Dies ist *die* schwäbische Snack-Bar. Regionale Küche für zwischendurch und außerdem ein Tagessen für um die 7,50 €. Die frisch gemachten Essen gibt es auch zum Mitnehmen.

- **Tipp:** Kantine im Finanzamt (Moltkestraße 91)

Kantine klingt im ersten Moment immer nach nicht wirklich tollem Essen, aber hier kann jeder günstig und lecker frühstücken oder den Mittagstisch genießen. Drei verschiedene Speisen stehen zur Auswahl: klassisch Fleisch und Fisch, vegetarisch/vegan und das Besondere (z.B. Low Carb oder ein besonderes Fleisch). Zusätzlich gibt es ein Salatbuffet. Die Philosophie der Finanzamt-Küche: Soweit es möglich ist, wird alles regional, bio und ökologisch eingekauft, gerne auch direkt beim Erzeuger.

Von 07-14:00 Uhr geöffnet, ab 11:30 Uhr Mittagstisch

# CAFÉ

- Kaffee- und Teehaus Hagen (Christophstraße 13)

Dieser traditionelle Familienbetrieb (seit 1934) empfiehlt sich besonders für Kaffeeliebhaber. Hier gibt es über 60 verschiedene Einzelsorten und Kaffeemischungen und 12 Espressi, alle fair gehandelt und selbst geröstet. Wer Lust hat, tiefer in die Materie einzutauchen, kann Kaffee- und Tee Seminare buchen. Auch Teetrinker kommen hier nicht zu kurz: über 140 ausgesuchte Teemischungen von Schwarzbis Weißtee und Kräutermischung bis Mate. Beim Geruch von frisch geröstetem Kaffee kann man hier auch Mode und Deko kaufen.

Frühstück und Mittagstisch, Reservierung empfohlen.

- Erstmal Kaffee (Biedermanngasse 15)

Ein individueller Kaffeeshop, der auch kleine Geschenke und Kaffeezubehör verkauft. Hier gibt es Süßspeisen, Snacks und Frühstück. **Empfehlung:** der Flat white, nicht zu verwechseln mit einem Cappuccino.

- Hartmanns Café Bar (Holzstraße 14)

Eine gemütliche Location mit Kaffee und Cocktails. Mittwochs ab 18:00 Uhr gibt es den Tappas-Abend, ansonsten Mittagstisch und regelmäßig Themenwochen. **Empfehlung:** Sonntags gibt es ein super Frühstück.

- Kaffeebucht (Neckarhalde 8)

Zwischen Trauerweiden im Grünen und direkt am Neckarkanal liegt die Kaffeebucht. Draußen die Sonne genießen (drinnen sitzen gibt es nicht, aber Sonnenschirme) oder sich eine Decke schnappen und ins Gras legen. Hier gibt es Snacks, Kaffee, Kuchen und Getränke aller Art.

- **Tipp:** primafila Eismanufaktur und Café (Obere Neckarstraße 32)

Wer Eis mag, muss hier mindestens einmal gewesen sein. Das Eis wird hier noch handwerklich und hochwertig mit natürlichen Zutaten selbst hergestellt und diese Qualität schmeckt man! Neben den klassischen Eissorten gibt es auch eher ausgefallenere, immer wieder wechselnde wie z. B. Lavendelblüteneis oder Mango-Chili. Außerdem gibt es auch stets laktosefreie und vegane Varianten. Es gibt ein paar

Sitzplätze, draußen auch mit Blick auf den Neckar. Aber hier muss man schnell sein, denn im Sommer kann es voll werden.

## RESTAURANT

- Volksgarten (Pfühlstraße 57)

Ein historisches Gasthaus von außen, von innen moderner mit einer liebevoll eingerichteten Kinderspielwand und einem Biergarten. Eingekauft wird frisch, regional und meist bio, gekocht wird mit Leidenschaft. Die Speisekarte ist gespickt mit regionalen Gerichten, aber auch Burger und Schnitzel sind dabei, ebenso wie eine große Kinderkarte.

- **Tipp:** Chari vari (Gymnasiumstraße 28)

Dies Restaurant mit hipper Atmosphäre liegt innenstadtnah, aber nicht im Trubel und serviert sehr schmackhaftes Essen. Die Dauerkarte wird durch eine regelmäßig wechselnde Karte ergänzt. Neue Pizzavarianten, leckere Salate, immer wieder besondere Essenskombinationen und ein sehr freundliches Personal. Hier fühlt man sich wohl.

- Eckstein (Achtungstraße 23)

Restaurant und Bar. Gastfreundlichkeit wird hier großgeschrieben. Sehr gute Pizza genießt man in einem modernen und gemütlichen Ambiente und natürlich darf hier auch ein guter Wein nicht fehlen.

- Jäckbar (Frankfurter Straße 20)

Diese Bar ist momentan voll im Trend und serviert spanisches, türkisches und vegetarisches Essen sowie leckere Drinks. Sie gehört zur Mojäk Galerie, in der zeitgenössische Kunst in den unterschiedlichsten Formen (Fotografie, Skulpturen, Malerei...) ausgestellt wird.

# 1870 Gästebetten für Sie zur Wahl

So viele Betten gibt es verteilt in Apartments, Hotels oder Pensionen, aufgeteilt in die unterschiedlichsten Preisklassen und Stile, um jeden Gast zufriedenzustellen. Da es mehr als genug Plattformen im Netz gibt, die Angebote vorschlagen und Preise vergleichen, habe ich mich auf sechs verschiedene Unterkünfte beschränkt, die alle besondere Vorteile oder Eigenschaften haben.

- ibis Heilbronn City (Bahnhofstraße 5)

Wer einmal in einem ibis Hotel war, kennt sie

vermutlich alle. Dieses Hotel ist nichts Besonderes, aber es hat eine optimale Lage. Nur ca. 300 m vom Bahnhof entfernt und in die Innenstadt sind es nur 200 m. Das ist Vorteil genug. Doppelzimmer gibt es ab 69 € pro Nacht, die Einzelzimmer ab 59 €.

Tel: 07131 59440, Mail: H3697@arcor.com, www.ibis.com

- Hotel TraumRaum (Bahnhofstraße 31)

Dieses Hotel hat ebenfalls den Vorteil der guten Lage und noch dazu 21 individuell gestaltete Zimmer. Mit viel Charme wurde jedes Zimmer nach dem Vorbild einer Stadt oder einer Insel gestaltet. Moderne Bäder und eine Lounge im gemütlichen Gewölbekeller runden das Gesamtbild ab. Einzelzimmer gibt es ab 95 € und die Doppelzimmer ab 125 € die Nacht.

Tel: 07131 5919240, Mail: kontakt@hotel-traum-raum.de, www.hotel-traumraum.de

- Jugendherberge Heilbronn (Paula-Fuchs-Allee 3)

Um hier übernachten zu können, ist die Mitgliedschaft im deutschen/ausländischen Jugendherbergswerk Voraussetzung. Dafür ist es sehr günstig.

Die Herberge wurde frisch für die Bundesgarten-schau 2019 gebaut und ist modern eingerichtet. Jedes Zimmer hat ein eigenes Bad mit Dusche/WC. Generell ist sie barrierefrei und es gibt 12 rollstuhlgeeignete Zimmer. Die Entfernung zur Innenstadt beträgt 800 m und der Preis für die Übernachtung beginnt bei 26,40 €.

Tel: 07131 172961, Mail: info@jugendherberge-heilbronn.de, www.jugendherberge-heilbronn.de

• Hotel Altes Theater Heilbronn (Lauffener Straße 2)

Ja, Sie vermuten richtig, diesen Namen haben Sie schon gelesen. An das „Theater" mit Jazzclub ist auch ein Hotel angeschlossen. Es gibt zwar nur eine Handvoll Zimmer, aber diese sind liebevoll und individuell eingerichtet. Es wird familiär geführt und bietet neben Bar und Café auch einen Theatergarten an. Dieses Hotel befindet sich eher am Stadtrand, die Entfernung zur Innenstadt beträgt ca. 3,5 km. Eine Übernachtung im Doppelzimmer kostet 104 €, das Doppelzimmer als Einzelzimmer 82,50 €.

Tel: 07131 59220, Mail: hotel@altes-theater-heilbronn.de, www.hotel-altes-theater.de

- Bauer's Gästehaus, Weingut und Besenwirtschaft (Spitzwegstraße 15, 74081 Heilbronn-Sontheim)

Dies ist ein kleines familiär geführtes Weingut am Stadtrand. Die Zimmer sind groß und modern und die Familie serviert ein klasse Frühstück. Doppelzimmer pro Nacht zwischen 99 € und 119 €, das Doppelzimmer als Einzelzimmer zwischen 75 € und 95 €

Tel: 07131 570374, Mail: info@bauer-weingut.com, www.bauer-weingut.com

- Hotel Park Villa (Gutenbergstrasse 30)

In einem ruhigen Viertel liegt die stilvolle Villa mit einem großen Garten. Die Zimmer sind individuell eingerichtet und haben meist einen afrikanischen Touch. Denn das besondere Highlight dieses Hotels ist der Gepard Sammy, der durch sein Gehege im Garten streicht. Einen Kilometer geht man, dann ist man in der Innenstadt. Eine Übernachtung im Doppelzimmer gibt es ab 119 €, das Einzelzimmer für 98 € und das Doppelzimmer als Einzelzimmer für 102 €.

Tel: 07131 95700, Mail: info@hotel-parkvilla.de, www.hotel-parkvilla.de

# Verkehrsanbindung

Mit dem Auto erreichen Sie Heilbronn über die A 6 und die A 81, ebenso wie über die B 27, B 39 und B 293. Die unterschiedlichen Parkmöglichkeiten im Bereich der Innenstadt sind ausgeschildert. Trotz dieser Vielfalt an Straßen empfiehlt es sich, nicht unbedingt mit dem Auto anzureisen, da in diesem Bereich große Gefahr für Staus besteht. Auf keinen Fall sollten Sie während der Stoßzeiten zum Arbeitsverkehr mit dem Auto in die Stadt fahren.

Zur Anreise bieten sich alternativ die unterschiedlichen Fernbusunternehmen oder die Bahn an. Heilbronn hat keine ICE Trasse, ist aber mit den Regionalbahnen an die ICE Taktungen aus Würzburg, Stuttgart und Mannheim angepasst.

Innerhalb der Stadt kommen Sie gut mit Bus und Straßenbahn zu den gewünschten Zielen. Ein Tagesticket für den Innenstadtbereich (Zone A) kostet 4,80 €. Damit können Busse und S-Bahn genutzt werden. Wenn die Reise etwas weiter gehen soll, nimmt man noch Zone B dazu, dann kostet es 5,50 €. Für Besitzer einer Bahncard ist es sinnvoll, die Tickets auch über die Bahn-App zu kaufen, da dann der Rabatt auch für den Nahverkehr gewährt wird. Weitere Infos zum Nahverkehr gibt es hier: www.h3nv.de.

# Jetzt sind Sie dran

Sie haben Lust bekommen Heilbronn zu besuchen und zu erkunden? Dann habe ich mein Ziel erreicht. Auch wenn diese Stadt auf den ersten Blick nicht sofort auf der Reisewunschliste steht, so bietet sie doch viele Möglichkeiten für einen schönen Urlaub, egal, ob Sie aktiv sein wollen, mit der Familie reisen, an Kultur interessiert sind oder einfach Ruhe und Wellness suchen.

Vielleicht formen sich bereits die Bilder der Weinberge mit den vielen Rebstöcken in Ihrem Kopf, den Geschmack des Weines auf der Zunge. Vielleicht packt Sie auch der Forschergeist und Sie freuen sich auf das Ausprobieren der Wissenschaft in der experimenta. Vielleicht warten Sie aber auch schon erwartungsvoll auf den Beginn eines Konzertes, der Klang der Instrumente in der *Harmonie* in Ihren Ohren. Schlendern Sie durch die Innenstadt und entlang des Neckars, erkunden Sie die Region und freuen Sie sich auf ein schönes Glas Wein, um den Tag in Ruhe ausklingen zu lassen. Egal ob Alt oder Jung, allein, als Familie oder auch als Gruppe, Sie werden immer etwas Interessantes finden.

Jeder Reiseführer lebt vom Dialog mit den Reisenden, deswegen würde ich mich über Rückmeldungen hinsichtlich eigener spannender Entdeckungen freuen.

Ich wünsche Ihnen eine gute Reise!

# Packliste

## Geld & Finanzen

O (evtl.) Auslandswährung
O Bargeld
O Bauchtasche
O Brustbeutel
O Bauchtasche
O EC-Karte
O Kreditkarte
O Notfall-Telefonnummern der Banken
O Portmonee

## Hygiene

O Haarbürste / Kamm
O Deo (klein)
O Shampoo
O Kulturtasche
O Sonnencreme
O Taschentücher

O Reise-Zahnbürste und Zahnpasta
O Verhütungsmittel

## Kleidung

O Badeklamotten
O Gürtel
O Hosen kurz / lang
O Mütze / Cap / Hut
O Pullover
O Regenjacke
O Schlafanzug
O Socken
O Sonnenbrille
O Sportklamotten / Jogginghose
O T-Shirts
O Unterwäsche

## Medikamente

O Blasenpflaster
O Anti-Durchfalltabletten
O Erste-Hilfe-Set

O Fiebertabletten

O Fiebertabletten

O Mückenschutz

O sonstige Medikamente

O Pflaster

O Kopfschmerztabletten


## Unterlagen & Papiere

O ADAC Unterlagen

O Adresslisten für Postkarten

O Krankversicherungsnachweis

O Stadtplan

O Führerschein

O Unterlagen für die Unterkunft

O Wasserdichte Hülle für Reiseunterlagen

O Impfausweis

O Mietwagenunterlagen

O Personalausweis

O Reisepass

O Reisetagebuch

O evtl. Studentenausweis

O evtl. Visum
O Zug- / Bahn- / Flugticket

## Taschen & Rucksäcke

O Koffer / Trolley / Reisetasche
O Regenhülle für Rucksack
O Rucksack

## Schuhe

O Badeschlappen / Hausschuhe
O Schuhe und Wechselschuhe

## Sonstiges

O Brille / Kontaktlinsen und Etui
O Buch zum Lesen
O Ohrenstöpsel und Schlafmaske
O Regenschirm
O Reisedecke
O Wasserflasche
O Wörterbuch

## Elektronik

O Digitalkamera
O Handy
O Ladekabel
O Kopfhörer
O evtl. Steckdosenadapter
O Power-Bank

Herstellung und Verlag:

BoD – Books on Demand, Norderstedt

ISBN: 9783750493872

1. Auflage

Kontakt: Psiana eCom UG/ Berumer Str. 44/ 26844 Jemgum

Covergestaltung: Fenna Larsson

Coverfoto: depositphotos.com

FSC

www.fsc.org

**MIX**

Papier aus ver-
antwortungsvollen
Quellen
Paper from
responsible sources

**FSC® C105338**